Gabriele Scheld

Wiegenlieder und Aufweckrufe
für das innere Kind

AF205996

Gabriele Scheld

Wiegenlieder und Aufweckrufe
für das innere Kind

Gedichte

Bibliografische Information der Deutschen Nationalbibliothek:

Die Deutsche Nationalbibliothek verzeichnet diese Publikation in der
Deutschen Nationalbibliografie; detaillierte bibliografische Daten sind
im Internet über dnb.dnb.de abrufbar.

Herstellung und Verlag: BoD – Books on Demand, Norderstedt
ISBN: 9783744819817

Inhalt

Vorwort

Burnout! Wie konnte mir das passieren?
Ich war doch immer eine Steh-auf-Frau gewesen!
Zeitlebens hatte ich mich gewappnet, um niemals
an diesen düsteren Ort zu gelangen, an dem ich
mich jetzt befand.
Letztendlich hatten alle meine Strategien nichts
genutzt: Mein harter Schutzpanzer, die Durchhal-
teparolen, die Selbstoptimierung. Am Ende war
ich doch in dem tiefen Loch gelandet, in dem sich
meine innere Kleine vor der Dunkelheit fürchtete
- ohnmächtig, ausgeliefert, hoffnungslos.
Ich hatte sie so lange ignoriert, verleugnet, verra-
ten, bis sie aufbegehrte.
Die Folge war mein Zusammenbruch.
Auf einmal war alles in Frage gestellt: Die ge-
wohnte Selbstwahrnehmung, ambitionierte Le-
bensentwürfe, alte Glaubenssätze.
Bis dahin hatte ich mich über Erfolg und Aner-
kennung von außen definiert. Doch nun war
davon nichts mehr übrig und in mir gab es nur
noch Angst, Scham und Ohnmacht.
Mein inneres Kind wollte gesehen werden.
Aber wer konnte es sehen? Die anderen Men-
schen um mich herum verlangten die funktionie-
rende Erwachsene zurück.
Da blieb nur Gottvertrauen, Vertrauen auf die in-
nere Stimme oder wie auch immer man die von
mir in den Gedichten oft als „Große" bezeichnete
höhere Macht nennen mag.
Es war ein langer Weg – und er ist noch nicht zu
Ende.

Immer wieder fordert das Leben mich auf, wahrzunehmen, aus welchen Beweggründen ich handele, welche Abwehrmechanismen ich entwickelt habe, um mit alten Verletzungen umzugehen, und wie ich zuletzt durch Achtsamkeit und Fürsorglichkeit mein inneres Kind heilen darf.

Dies möchte ich mit euch, liebe Leserinnen und Leser, teilen.

So hoffe ich, dass meine Gedichte helfen, ausgediente Glaubenssätze zu entlarven, und Mut machen, in ein selbstbestimmtes, freudvolles Leben zusammen mit dem inneren Kind aufzubrechen.

Herzlichst, Gabriele Scheld

Für Mareille

Wo bist du, Mama?

Wo bist du, Mama?
schreit verstummt die Kleine
Hörst du nicht, wie sehr ich weine?
Auch wenn kein Laut mehr mich verlässt
Selbst wenn ich eingenässt in Windeln
einsam hinter Gittern liege
so sehnsüchtig nach einer Wiege
von Mutterhand bewegt
Erregt von Hunger und von Hoffen
auf ein kleines bisschen Liebe
einen Blick von dir auf mich
Mein Herz ist immer noch weit offen!
In dir nur kann ich mich erkennen
Mit dir nur meinen Schmerz benennen
durch deiner Augen Widerhall
Doch da ist nichts – nur freier Fall!
Ohne deinen Blick zurück
gibt's mich nicht
und auch kein Glück

Da bin ich, Kleine!
sagt liebevoll die Große
Du bist nicht mehr alleine!
Kuschel dich an meinen Busen
spür die Wärme und mein Herz
Hier darfst du weinen, ruhen, schmusen
Hier vergeht dein Babyschmerz
Ich schenk dir Nahrung, sorg' für dich
geb' dir Liebe, Schutz und Halt
Viel mehr als nur Verwahrung!
Und bist du hungrig, nass und kalt
verlasse dich auf mich!
Denn ich bin da für dich!
Schau mich an! Ich schau zurück
halt dich fest mit meinem Blick
Ich sehe und verstehe dich
Du darfst nun wieder an dich glauben
all deine Gefühle dir erlauben
spürst im Du dein eignes Ich!

Schlaf', Kindlein, schlaf'!

Schlaf', Kindlein, schlaf'!
Der Vater hüt't die Schaf,
die Mutter schüttelt's Bäumelein,
da fällt herab ein Träumelein.
*Schlaf', Kindlein, schlaf'!**
So singt die Mutter ihrer Kleinen
in altbekannten Kinderreimen
ein Lied, das sie beruhigen soll
Der Text klingt wirklich liebevoll

Das Kind, das kann jedoch nicht schlafen
Was soll es mit den Träumeschafen?
Der Vater hütet sie ja nicht
säuft sich stattdessen hackedicht
Und Mama hat's auch nicht mit Bäumen
bleibt lieber in verschloss'nen Räumen
hat wenig resoluten Willen
kann eig'ne Träume nicht mal stillen

Schlaf', Kindlein, schlaf'!
und blök' nicht wie ein Schaf:
Sonst kommt des Schäfers Hündelein
und beißt mein böses Kindelein.
*Schlaf', Kindlein, schlaf'!**
So geht es weiter, Mamas Lied
Das Kind ist seines Glückes Schmied
Und kommt der Hund zum kleinen Schaf
Dann war das Balg zu wenig brav

Heut' sagt die Große zu der Kleinen
Wir lassen ab von hundsgemeinen
Wiegenliedern, die nichts taugen
Schließ du nur still die wachen Augen
Denn es braucht nicht Hund, nicht Schaf
für entspannten Kinderschlaf
Von Beistand und von Schutz das Wissen
ist das beste Ruhekissen

Schlaf', Kindlein, schlaf'!
Es braucht nicht Hund und Schaf:
Die Große ist jetzt nicht mehr klein
Sie lässt das Kind nie mehr allein
Schlaf', Kindlein, schlaf'!

*Wiegenlied aus der Sammlung „Des Knaben
Wunderhorn" (1808)*

Schutz

Vorbei die Zeit, da hoffnungslos
die Kinderseele bebt
Ich weiß jetzt, wie man überlebt
bin groß, ergreif für dich Partei

Und glaube mir, mein liebes Kind
Mehr zeig ich als nur Waffenklirren
mehr als nur seichten Gegenwind
und hilflos hübsches Flügelflirren

Lass dich fallen, schlafe, träume
Deine Räume, deine Grenzen
die beschütze ich für dich
Lass los! Vertrau auf mich!

Neid

Das Gesichtchen vertrauensvoll
zugewendet der Mama
Ein Strahlen in den Augen
Beider

Daseinsfreude

Nur da sein, den Eltern als Segen
Nur da sein, der Mutter zum Glück
Nur da sein, dem Vater zur Freude
Nur da sein und so zu genügen
Das wünscht sich ein jedes Kind

Doch da sein, den Eltern als Fessel
Doch da sein, der Mutter als Last
Doch da sein, dem Vater als Bürde
Doch da sein, ein Kind nur zum Rügen
Das nahm dir am Leben die Lust

Heut da sein, dir selbst großer Segen
Heut da sein, dir selbst helles Glück
Heut da sein, dir selbst wahre Freude
Heut da sein, am Dasein Vergnügen
Das schenk ich als Große dir jetzt!

Gestillt wird nur, wer niemals brüllt!

Still bist du, mein kleines Herzblatt!
Dein Hunger wurde nie gestillt
deine Sehnsucht nicht erfüllt
Du wurdest niemals richtig satt

Doch heut', sei laut aus voller Kehle
verwöhne dich, trink guten Wein
genieß dein Essen und das Sein
und werde satt aus ganzer Seele!

Wünsche

Von den Sehnsüchten des Knaben
hast du dich ganz weit entfernt
Durch strenge Zucht hast du gelernt
deine Wünsche zu vergraben

Doch heute glaube den Gefühlen
Brauchst du Liebe, Nahrung, Halt
gib dem Verlangen nun Gestalt
Mit off'nen Karten darfst du spielen!

Hunger

Auf dem Buffet Gericht um Gericht
üppig und kostenlos aufgetischt
Du freust dich übers geschenkte Mahl
Möglichst viel essen – so lautet die Wahl
Selbst wenn du satt bist, bremst du dich nicht
Alles ist besser als Essensverzicht

Ach, meine Kleine, ich weiß ja, warum
Damals warst du so hilflos und stumm
Alle vier Stunden nur gab's was zu essen
Du hast das bis heute mitnichten vergessen
Gewartet hast du – es hat nicht genutzt
Dein Kinderhunger zurechtgestutzt

Doch glaub' mir, mein Mädchen, vorbei ist die Zeit
vorbei die erzwung'ne Genügsamkeit
Ich kaufe dir alles, was du auch willst
damit du den Hunger in dir endlich stillst
Lass dann gesättigt beruhigt ab vom Essen
Glaub mir, es wird nicht mehr abgemessen

Ohnmacht

Es bringt ja doch nichts, wenn ich weine!
So denkt die Kleine und verzagt
und wagt nicht, ihren Schmerz zu zeigen
verharrt in hilflos, stummen Schweigen
traut nicht genug der eig'nen Macht
und glaubt nicht mehr, wenn sie ihr sagen
das Klagen mache einen Sinn

Doch Schweigen, so die Große zu der Kleinen,
und Verneinen vermindert nur dein Lebensglück
Zurück bleibt Ohnmacht, bitt'rer Groll
vorwurfsvoll und wütend auf jedes Gegenüber
Trüber, immer trüber wird für dich die Welt
aufgehellt nur, wenn der Zufall es so will.
Still zu sein macht alles schlimmer!

Dem Glück musst du nicht überlassen
ob Hassen oder Lieben deinen Weg bestimmt
Es nimmt dein Leben diesen Lauf
auf den du deine Augen richtest
Dichtest du den and'ren Leuten
mit Wut und Deuten an dein Urteil
wirst du dein Heil so nicht erlangen

Zeig deine ehrlichen Gefühle
Kühle wie auch Leidenschaft
Kraft und Stärke, auch das Schwache
Rachewünsche und die Sehnsucht
Fluchtgedanken, Ärger, Trauer
Auf der Lauer oder sorglos
Du bist jetzt groß, vertraue deiner Macht!

Verwirrung

Den Lauf der Bilder halt ich an,
die schwankend dich umkreisen
prüf deren Wert, folg unsrer Spur
Hab Mut! Die Weichenstellung nur
lässt den Zug noch nicht entgleisen
Wir bleiben fest am Steuer dran!

Unbehagen

„Mein Bäuchlein tut so schrecklich weh
Geh doch weg, gemeiner Schmerz!
Mein Herz klopft auch ganz wild und laut!
Die Haut ist heiß, mein Hals ist zu!
Tu bitte, Mama, irgendwas!"
So klagt die Kleine voller Kummer
wird leise erst, dann immer stummer
Denn die Mama bleibt ihr fern

„Dein Bäuchlein streichle ich für dich
Strich um Strich vertreibe ich dein Leid
Mit Achtsamkeit und Mitgefühl
kühl ich die Stirn, beruhig' den Leib
und bleib bei dir mit herzenswarmer Liebe"
So hilft die Große ihrer Kleinen
lässt sie nicht mehr weiter weinen
Denn sie hat ihr Mädchen gern

Orientierung

Es fehlt dir oft der Kompass und ein vertrauter Stern
Denn deine Mama schenkte die Liebe niemals gern
Die Miene nur Fassade und künstlich jedes Wort
Die Freundlichkeit Scharade, in Wirklichkeit weit fort
Sie machte vieles richtig, so gut es möglich war
Sie wusste es nicht besser, es war ihr gar nicht klar
Sie mühte sich als Mutter, doch kam ihr Herz nicht nach
weil früher ihre Mutter es gleichermaßen brach
So freundlich war der Anstrich, so irritierend bunt
Doch schimmerte darunter ein fahler Hintergrund

Ich helfe dir, mein kleiner Schatz
Enttarn' das Blendwerk, schaffe Platz
trag, weil ich dich so gerne hab
für dich die ganze Schminke ab
Ich geh der Sache auf den Grund
Nur so wirst du, mein Kind, gesund
Und wenn wir sie dann finden
die Flecken, alle blinden
erkennst du endlich deinen Kern
hast einen echten Richtungsstern.

Mangel

Dein Leben, mein Herz, begann im Mangel
Dreh- und Angelpunkt dein Sehnen
frei zu sein, dich anzulehnen
doch unerfüllt und heut' verhüllt
blieb jeder Wunsch des Kindes
In Windeseile mit dem Begreifen
lerntest du, dir zu verkneifen
um irgendetwas noch zu kämpfen
Zu dämpfen galt es dein Begehren
es zu ersticken, abzuwehren
Enttäuschung wolltest du vermeiden
Vergeblich! Denn es blieb das Leiden

Doch glaub' mir bitte und vertrau:
Nicht das Blau vom Horizont
oder Gold, so hell und blond
will ich dir versprechen
Bestechen tun dich schon die andern
mäandern um die Wahrheit rum
um dein tief verborg'nes Sehnen
zuletzt doch wieder abzulehnen
Ich die Große steh dir bei!
Das Leben ist nicht nur Verzicht
Nun bricht ein neuer Abschnitt an
Vorbei ist bald die Quälerei!
Du darfst nun selbst dir Fülle gönnen
deine Wünsche anerkennen
dich laben, lachen, nicht mehr quälen
Denn heute kannst du wählen:
Dein Fühlen völlig neu ausrichten
Auf den Mangel nun verzichten

Maske

Du brauchst nun nicht mehr übertünchen
was deine Neigung dir empfiehlt
Lass uns gemeinsam voll Vertrauen
auf deine tiefste Sehnsucht schauen
die niemand jemals dir mehr stiehlt
Steh zu dir und deinen Wünschen!

Scham

Du bist willkommen, lieber Schatz
und am goldrichtigen Platz
Glaube nicht, du wärst verkehrt
Von mir wirst du geliebt, geehrt
Und wenn das früher anders war
dann mach dir immer wieder klar
Du hattest daran keine Schuld
Den Eltern fehlte die Geduld
Denn statt dich einfach lieben wollen
fühlten sie nur Müssen, Sollen
Sie waren noch nicht reif für dich
Drum achte heut' nun ich auf dich
Denk daran und gräm' dich nicht
Den Eltern warst du eine Pflicht
Doch mir bist du ein Sonnenschein
Ich freue mich an deinem Sein

Trauerangst

Sie haben dich allein gelassen
und unbewacht
dir Angst gemacht
Nicht zu fassen
ist für dich heute das Gefühl

Gibt es Gelegenheit zu trauern
baust du verzagt
von Not geplagt
meterhohe Mauern
bist dahinter sehr labil

Denn auf die eig'ne Trauer blicken
ist gewagt
denn ungefragt
beginnt sie bald sich zu verstricken
wird der Furcht auch zum Ventil

Lass uns den Blick auf damals richten
und bereit
mit mir zu zweit
auf die Mauern nun verzichten:
Schenk deiner Trauerangst Asyl!

Manchmal – Trotz allem

Für Mama und Papa
frühmorgens zum Bäcker
durch schneehelle Dunkelheit
Anheimelnd
weht mir brotwarme Geborgenheit entgegen
Wie schön!

Auftauen

Kurzzeit-warm
Beim Anzünden der Schwefelhölzer
die Erscheinung liebevoller Eltern-Gesichter
am Himmel
Auf Erden das bedürftige Mädchen
Beim Ausgehen der Schwefelhölzer
todeskalt

Langzeit-kalt
Beim Verlieren von Vertrauen
die Erscheinung abwertender Eltern-Gesichter
in jedem Menschen
In dir das misstrauische Kind
Erst beim Einlassen auf Selbstliebe
auftauend

Stillstand

Verschnürt
in Fesseln
der eigenen Angst
Sicherheitsverwahrung vor der Trauer

Verdrängung

Sorge

Wenn ... dann
Ja, Ja, ich weiß - zu viel Grübeln
Aber wenn ... dann
Ja, ja, ich verstehe - zu viel Sorge
Aber wenn doch ... dann
Ja, ich erkenne - Grundlos!

Sturzflug

Vom Turm der Illusion
in den freien Fall stürzen
bis zum Grund der Ehrlichkeit
mit dir selbst
fliegen

Wi(e)der die Ohnmacht!

Solange du die Füße unter meinen Tisch …

Gute Argumente
Nutzlos
Besseres Wissen
Wertlos
Moralische Überlegenheit
Sinnlos

Das Recht des Stärkeren
Wieder die Ohnmacht!

Wider die Ohnmacht
in Babyschritten
zwei vor, einer zurück
Irgendwann Erwachsenenschritte

Entscheidungsvermeidung

Ich halt es nicht mehr aus
meinst du
dimmst ihre negativen Seiten hoch
ihre positiven Seiten runter

Ich kann mich nicht trennen
denkst du
dimmst ihre negativen Seiten runter
ihre positiven Seiten hoch

Ich kann nicht allein sein
fürchtest du
dimmst deine negativen Seiten hoch
deine positiven Seiten runter

Du bist nicht allein
glaub mir
Entfern den Dimmer! Lass dein Licht leuchten!

Rettung

Du schwimmst
und schwimmst
und schwimmst
Kannst nicht mehr
Die Luft geht dir aus
Greifst nach der erstbesten
rettenden Planke
Dankbarkeit

Du verharrst
und verharrst
und verharrst
Kannst nicht mehr
Die Luft geht dir aus
Zweifelst an der erstbesten
rettenden Planke
Enttäuschung

Du fliehst
und rennst
und schwimmst
Kannst nicht mehr
Die Luft geht dir aus
Greifst nach der nächstbesten
rettenden Planke
Erleichterung

Du verharrst
und zweifelst
und erkennst
Kannst nicht mehr
Die Luft geht dir aus
Schaust endlich nach der besten
rettenden Planke
Selbstfürsorge

Du bleibst
und liebst
und lernst
Kennst dich nun
Weißt, wieviel Luft du hast
schwimmst entspannt
legst eine Rast ein
schwimmst weiter
brauchst keine erstbeste
rettende Planke
Dankbarkeit

Entscheidung

Hab keine Angst, dich zu entscheiden
Ich weiß, du schwankst, hast kein Empfinden
was Gewinn bringt und Genuss
was Bedrängnis und Verdruss
ob Grenzen setzen oder binden
Alles gibt dir Grund zu leiden

Dein Vater bot durch Willkür und Belieben
durch seine dominante Macht
dir wenig Raum zum Üben und zum Spielen
Du tratst zurück von deinen Zielen
Dein Urteil beugte sich Hab Acht
und fühlte sich stets nur getrieben

Die Welt, sie war für dich ein Zwiespalt
die Vorhaben darin verschwommen
Damals gab es keine Klarheit
unterdrückt die eig'ne Wahrheit
der Wunsch des Kindes nicht willkommen
Noch heute fehlt dir inn'rer Halt

Die Mutter konnte dir nicht raten
Sie schwankte ebenso wie du
Ihr bang besorgtes Vorbild lehrte
dass alles, was man je begehrte
unerfüllt blieb und tabu
Du lebtest drum nach Fremd-Diktaten

Zeit ist es nun, auf dich zu setzen
Denn tief im Innern bist du klar
Vertrau auf deinen siebten Sinn
Erhebe dich und streck das Kinn
Die Wahl zu haben – Wunderbar!
Und dich selber wertzuschätzen!

Körpergefühl

Klamm sind die Finger beim Hantieren
Die nackte Haut am Halsausschnitt
geb ich der Kälte schutzlos preis
Auch wenn ich mich nach Wärme sehne
wehr' ich das ab mit Ignorieren
geb' meinen Wünschen einen Tritt
erstarre lieber ganz zu Eis
bevor ich etwas unternehme

Die Kälte steigt in mir nach oben
durchzieht den ungeschützten Leib
Die Glieder werden frostig steif
und meine Haut zieht sich zusammen
Dies dient vielleicht, um zu erproben
ob ich bei meinem Mangel bleib
zu Durchhalteparolen greif
statt mir ein Feuer zu entflammen

Sich nicht zu kümmern, kennt die Kleine
Ich Große weiß, wie's besser geht
Ich spür' die Kälte und das Frieren
möcht' mich endlich wohler fühlen
hol eine Decke für die Beine
und wenn ein kalter Luftzug weht
beende ich das Dementieren
schütz' meinen Körper vor dem Kühlen

Ich kuschle mich jetzt ganz dick ein
in Kleidung, Decken, Kissen
koch dazu einen heißen Tee
genieß das Feuer im Kamin
leg reichlich weiter Scheite rein
will die Wärme nicht mehr missen
Und liegt auch draußen kalter Schnee
so kann ich ihm jetzt doch entflieh'n

Unsicherheit

„Hilfe, Mama, wo geht's lang?"
fragt bang in mir das kleine Kind
„Blind fühl' ich mich, preisgegeben
und jedes Streben in die Welt
zerschellt an meiner Angst"

„Gib mir die Hand, ich halt sie fest
Ein sich'res Nest will ich dir bauen
Das Grauen halt ich von dir fern
Gern geh' ich mit dir auf die Reise"
so macht die Große der Kleinen leise Mut

„Was soll ich tun, wenn ich nichts spür?
Wie ein Geschwür verhindern Unbehagen
und mein Zagen, Vertrauen dir zu schenken.
Die Bedenken - allzu mächtig!
Niederträchtig scheint das Leben"

„Die Welt, sie ist nicht feindlich schlimm
Nimm dir Zeit und schau auf dich
Mich hast du stets an deiner Seite
Schreite aus und fühle hin
Denn in dir drin weißt du genau, wohin"

Embryonalstellung

Wie ein Embryo
leg dich
in meine mütterliche
Liebe geborgen
streck dich
in deine kindliche
Entfaltung wachsend
entwickle dich
in deine neugierige
Jugend spielerisch
erhebe dich
in deine sinnliche
Reife entspannt
öffne dich
in deine willkommene
Weiblichkeit vertrauend

Angstkorsett

Wenn Unternehmungen mich locken
schau ich furchtsam auf die Welt
spring lieber nicht in wilde Fluten
bleib stattdessen steh'n und trocken
vermeide Wunden und zu bluten
flüchte in mein sich'res Zelt

So gerne wär' ich frei heraus
ging' meine Wege ohne Angst
auf zu Ländern weit im Fernen
um mutig Neues zu erlernen
tät', was du, mein Herz, verlangst
und blieb' nicht nur im engen Haus

Doch wenn auch manches mich verführt
birgt jeder Schritt mir stets Gefahr
Ich denk' in Ängste eingeschnürt
Schuster, bleib bei deinen Leisten
Und worum die Wünsche kreisten
scheint plötzlich nicht mehr wunderbar

Oh ja, ich wünsche mir die Freiheit
und Mut, dem Leben zu vertrauen
mit Neugier auf die Welt zu schauen
Wunden abheilen zu lassen
mich mit dem Heute zu befassen
Voller Spaß und Heiterkeit

Schluss! Nehm' jetzt mein Leid in meine Arme
schenk ihm Respekt und Mitgefühl
lass von mir Liebe, herzenswarme,
zu meiner zarten Seele fließen
und wünsch' mir, sie wird so stabil
mein Leben angstfrei zu genießen

Angstreflex

Beim Spiel
bist du gegen sein Auto gerannt
Er hat gebrüllt
Das war zu viel
die Folge dir bekannt
Du warst von Angst erfüllt

Es rann
das Pipi dein Bein herunter
Du hast dich geschämt
Reglos im Bann
aufgewühlt darunter
warst du vor Angst gelähmt

Auch heute
fürchtest du Gebrüll
als käm's von wilden Tieren
Versteinert vor der Bestienmeute
wirst du vor Angst ganz still
kannst nicht mehr reagieren

In die Hose
machst du nun schon lang nicht mehr
die Erstarrung ist geblieben
Immer noch wie in Hypnose
die Beine für die Flucht zu schwer
voller Panik vor den Hieben

Den Angstreflex
kann ich nicht nehmen
doch dir einen Rat erteilen
Du warst erst sechs
Spar dir das Schämen!
Allmählich wirst du heilen

Nicht jeder Mann
auch wenn er seinen Ton nicht zügelt
ist grausam bis zum letzten Grund
wie ein Tyrann
der Kinder prügelt
mit Gürtel hart vom Hosenbund

Tobt ein Despot
und rast voll Wut
erhebt im Zorn die Hand
Komm nicht in Not!
Denn voller Mut
halten wir heut' einig stand!

Verbiegen

Mein Kind, lass das Lachen
wenn Tränen dich doch drücken
Du musst nicht mehr entzücken
nicht kämpfen gegen Drachen
mit aufgesetzter Miene
die deinen Schmerz verbirgt
in Wirklichkeit dich würgt
auch wenn du denkst, es diene.
Dein Ausdruck, der ist nur geliehen
stets Mundwinkel nach oben
worunter Emotionen toben
Du dachtest, die Fassade schiebe
die bösen Geister von dir fort
und sich're dir ein sanftes Wort
hofftest auf ein Quantum Liebe
Ich sage dir, es hilft dir nicht
wenn du ständig dich verbiegst
deiner Nähe-Sucht erliegst
Es geht nicht um die äuß're Schicht
Bei mir darfst du wahrhaftig sein
Ich will dich sehen, wie du bist
Entbehrlich sind Betrug und List.
Ich lieb dich echt und nicht den Schein.

Zwei Kinder

Im Mann, da streiten sich zwei Kinder
um den Vorherrschaftszylinder.
Beide fühlen sich gleich stark,
kämpfen darum bis aufs Mark.
Das eine möchte gern gefallen,
das and're will die Fäuste ballen.
Das eine liebt die Harmonie,
das and're unterwirft sich nie.
Ihr Erwachsener neben ihnen,
der steht unter den Pantinen
seiner beiden Kindgestalten.
An wen nur soll er sich denn halten?
Drum wird zum Spielen er ihr Ball.
Hoch in die Luft mit hartem Fall
verändert er gar oft die Rolle
unter seiner Kind-Kontrolle.

Kind Eins, das will umsorgt sein, spielen,
sich wohlig und geborgen fühlen,
will alles schmecken, sich dran laben,
am Strand sich tief im Sand eingraben,
liebt es, Burgen aufzubauen,
dabei schön herumzusauen.
Und zuhause in der Wanne,
gießt es mit der Plastikkanne
auf die gelbe Badeente.
Schaumig sind die Glücksmomente.
Dann beim Erholungs-Mittagsschlaf
ist der Junge herzig brav
und lauscht dem sanften Spieluhrklang.
So geht stets alles seinen Gang.
Die Mama-Frau behütet ihn,
ist für ihn Lust und Medizin.

Kind Zwei das liebt die gleichen Sachen,
doch lieber, wenn sie Aufruhr machen:
Musik laut drehen und genießen,
mit Eicheln und mit Eckern schießen,
hämmern, bohren, klopfen, schrauben,
bis vor Wut die Nachbarn schnauben.
Für Mahnung ist der Mann-Bub blind,
spielt immer weiter, ist ein Kind.
Und diesem ist nicht beizukommen.
Es schmäht die Spießer, diese Frommen.
Was die Leute ihm auch sagen,
klingt für das Kind nach leeren Klagen.
Auf das nachbarliche Wüten
kontert es mit Rückvergüten.
Der Kampf um Macht, der lockt zu sehr.
Den gibt es nicht so einfach her.

Kind Eins sieht lauter tolle Spiele,
so viele Wege, neue Ziele.
Mann und Kind sind schnell vereint:
Dem Forscher und dem Bastler scheint,
dass die Welt viel Spaß gewährt,
besonders, wenn man Auto fährt,
ferngesteuert auf die Piste,
knapp verfehlt die Legokiste,
manchmal vom Balkon herunter,
wo sich das Kind dann weiter munter
mit Seifenblasen amüsiert,
in Träumereien sich verliert,
wenn sie durch die Lüfte segeln,
frei von Bindung und von Regeln
leuchtend bunt und prall gefüllt
niemals von Moral verhüllt.

Kind Zwei fühlt sich ganz klar im Recht.
Widerwort verträgt es schlecht.
Wer sagt denn, Mann sei viel zu alt,
an Jungenspielen sich zu freuen,
ohne etwas zu bereuen!
Der Kind-Mann, der gibt immer Gas.
Er liebt das Wagnis und den Spaß.
Dafür macht er vor nichts Halt.
Ob Traktor fahren, Moped schrauben,
das Kind hält immer fest am Glauben,
die Welt, die ist `ne Spieletruhe.
Nur Langweiler, die schrei'n nach Ruhe.
Drum macht es immer weiter so,
belässt es gern beim Status Quo
und lässt sich nicht auf and're ein.
Trotzig sagt es immer Nein.

Doch manchmal sitzt Kind Eins allein,
Kind Zwei, das schaut auch traurig drein.
Beiden ist der Spaß vergangen,
nicht gestillt ihr Kern-Verlangen.
Ohnmacht, Einsamkeit und Schmerz
greifen nach dem Kinderherz.
Die Mamafrau, die sorgt sich zwar,
doch der Papa macht sich rar.
Vergeblich strebt nach Anerkennung
Kind Eins und Zwei ganz ohne Trennung
von dem, der ihr Erzeuger ist.
Zwar gab es keinen großen Zwist,
nur zufrieden war er nie,
was das Kind sich nicht verzieh.
Erwachsen und dem Vater gleich,
war's lieber hart als allzu weich.

Hab Acht, mein liebes Männerkind!
Stell dich nicht länger taub und blind!
Euch beide in dir geht das an.
Trau dich an die Seele ran.
Kleinkind-Sehnsucht und Radau
deuten für dich zielgenau
auf deine wunde Stelle,
so vieler Ängste Quelle.
Wage es, dich anzuschauen,
den Schutzwall endlich abzubauen.
Dahinter ist es weh und wund,
tiefschwarz und grau, nicht kunterbunt.
Drum blicke hin und mach dir klar:
Es muss nicht bleiben, wie es war:
Der Mann, bisher von Schmerz getrieben,
darf endlich nun den Kleinen - lieben!

Liebe

Ich liebe dich, Mama
Magst du mich vielleicht in den Arm nehmen?
Du kannst nichts falsch machen
Du musst nicht perfekt sein
Es reicht, wenn du da bist
Du bist meine Mama
Und deshalb liebe ich dich

Ich schaffe das nicht
Ich kann mich selbst nicht in den Arm nehmen
Ich fühle mich verkehrt
Ich fühle mich schuldig
Es reicht nie, was ich tue
Ich bin deine Mama
und liebe nicht mich und nicht dich

Ich liebe dich, Kind
Ich mag dich in den Arm nehmen
Du bist nicht verkehrt
Du bist nicht schuldig
Es reicht, wenn du da bist
Du bist meine innere Kleine
Und deshalb liebe ich dich

Pendeln

„Ich liebe dich!"
„Liebe ich ihn wirklich, diesen Kerl
der mich Tag für Tag demütigt?"
„Es tut mir leid!"
„Entschuldige ich mich wirklich dafür
dass ich meine Grenzen verteidige?"
„Ich brauche dich!"
„Brauche ich wirklich jemanden
der mir täglich die Energie aussaugt?"
„Verlass mich nicht!"
„Will ich wirklich einen Lebensgefährten
der nicht für mich da ist?"
„Er liebt mich doch!"
„Will ich wirklich eine solche Art von Liebe?"

Nur weil ich sie kenne?

Matroschka

Unter der Haut
der Mutter
verpuppt

die terrorisierte Ehefrau
die verstoßene Ausgewachsene
die geopferte Jugendliche
das vergewaltigte Kind
das ungewollte Baby

Ermutigung

Verkauf dein Haus
Ich bin dein Heim
Reiß den Zaun um deinen Garten ein
Und dann
geh hinaus
blick auf die wildblühenden Blumen
meiner Sommerwiese
Irgendwann
ist Schluss mit Opportunem
und du wirst wie diese

Hilflose Verantwortung

„Ich bin so schwach! Ich brauche dich!
Dein Vater ist ein Haustyrann
dem ich mich unterwerfen soll
Und weil ich ihn nicht ändern kann
fürcht' ich beständig seinen Groll
und bin Duckmäuser-still
Zuletzt dann mach ich, was er will.
Hilf mir doch! Beschütze mich!"

Erst wollte ich dir Tröster sein
Dein Leben war so schwer
Dann half ich dir, so gut es ging
Jahraus, jahrein und immer mehr
Weil dein Wohl nun an mir hing
Nichts hast du selbst dir zugetraut
Immer nur auf mich gebaut
Dabei war ich noch so klein

Du warst die Mutter, ich der Sohn
Achtlos nutztest du mich aus
Ich verlor all mein Vertrauen
durch mein krankes Elternhaus
auch im Kontakt mit and'ren Frauen
Waren diese hilflos schwach
wurde gleich der Helfer wach
und ich verfiel in Depression

Heute nicht mehr kindlich blind
sag ich, was ich wirklich fühl
Kein Zwang mehr, immer da zu sein
Ich sprech' es aus, ist was zu viel
antworte mit klarem Nein
Höre auf mich zu verbiegen
lerne dadurch neu zu lieben
schütze heut mein inn'res Kind

Rückgrat

In den Lendenwirbeln Pochen
Gebrochen scheint das Rückgrat dir
Die Angst, die dich durchdringt
sie zwingt dich in die Knie
macht dein Leben zur Tortur
Nur nicht bewegen!
Sonst zerlegen die angestauten
kalt vertrauten Schrecken die Statur

Doch du irrst, mein liebes Kind
Es sind die Wirbel nicht zerbrochen
Die Knochen sind durchaus stabil
Nur dein Gefühl macht sie dir weich
Schleich nicht mehr rum, richte dich auf!
Lauf aufrecht stolz! Du bist es wert!
Wenn dir etwas widerfährt
Bleib unbeugsam, verlasse dich
auf dein Rückgrat und auf mich!

Rückfall

Ich leb mein Leben, bin schon groß
Bloß weiß das meine Kleine nicht
Es bricht das Herz ihr stets erneut
wenn sie erfreut in Hoffnung stürzt
gewürzt mit altem Kindersehnen
Stumm die Sirenen, laut die Chemie
Die Autarkie weicht Heimatspuren

Es folgt der Rückschlag ungesäumt
Geträumt hat sie, sich schon gefreut
Bereut nun ihr naives Glauben
Denn Tauben zeugt die Krähe nicht
Gescheitert ist sie nun aufs Neue
Reue macht es doppelt schwer
Quer liegt der Riegel vor der Freiheit

Ich möchte meiner Kleinen helfen
ihr Elfen, Engel, Beistand senden
und wenden die enttäuschte Trauer
Von Dauer jedoch wär' das nicht
Licht kommt für sie nur dann ins Herz
wenn sie den Schmerz mit mir betrachtet
der unbeachtet Motor ihres Handelns ist

Es bleibt nur, dass ich mit ihr weine
die Kleine gleichzeitig umarme
warme Liebe schützend schenke
und senke ihres Mangels Pegel
Der Nebel kann nur so sich lichten
Die Schichten werden abgetragen
Das Plagen findet bald ein Ende

Rastlosigkeit

Du wälzt dich im Bett
Roulette im Kopf
Kein Knopf, die Kugel abzustellen
In allen Zellen angespannt
Erkannt vielleicht der Grund
Gesund noch lange nicht
Es bricht der Schmerz sich Bahn
Der Wahn deiner Gedankenszenen
in deinen Genen schon begründet
verbündet mit dem Wissen
um das Vermissen elterlicher Sorge

Ich weiß um deine Unrast
Hast und Eile sind dein Leben
Streben, niemals innehalten
schalten, walten, in Bewegung
Jede Regung, jedes Träumen
zäumen deine Sorgen ein
Dein Ziel: Das Angsttier nicht zu wecken
die Schrecken des gehetzten Kindes
Blindes Glauben früh verlernt
Entfernt von jeglicher Gewissheit
Zeit deines Lebens ruhelos

Jetzt bin ich da und halte dich
Sprich endlich aus, was dich bedrückt!
Es rückt die Angst ins rechte Licht
Die Sicht wird klar, das Kreisen endet
Es wendet sich das Blatt
Statt unruhigem Getriebensein
wein dich aus und such die Stille
die Fülle und Gelassenheit

Verlass mich nicht!

„Verlass mich nicht! Bleib bitte hier!
Wenn du gehst, dann sterbe ich!"
So schreit das kleine Kind in dir.
„Sei mein Patron! Ich ducke mich!
Du musst nicht freundlich sein, nur da."

„Ich bin nicht Er, doch nah bei dir.
Ich gehe nicht. Denn du bist ich."
So tröste ich mein inn'res Kind.
„Zu dir bin ich jetzt mütterlich
Auch väterlich und immer da."

Sehnsucht

„Mein süßer kleiner Wonneproppen!"
„Du bist mein Herz, mein Augapfel!"
„Mein Liebling, Engel, hübscher Spatz!"
„Mein Schnuckel, meine Knuddelmaus!"
„Mein Sonnenschein, mein liebes Kind!

Wie gern hätt' ich das einst gehört!

Die Große in mir warnt:
Den Männern macht dein Sehnen
es leicht, dich fehlzuleiten
Du willst so gern an Liebe glauben
verlierst dabei den klaren Blick
Und wenn die Männer dann nichts taugen
gibt's für dich oft kein Zurück

Du brauchst sie nicht, die Männerbalz
voll Schmalz und Schmeicheleien!
Verleih dir lieber selbst Bedeutung!

„Ich bin geboren, ein Geschenk!
Wenn ich an mein Wesen denk
bin ich zufrieden
Ich kann atmen, lachen, weinen
den Wind auf meinen Armen fühlen
mich im frischen Wasser kühlen
die Sonne auf der Haut genießen
das Sprießen bunter Frühlingsblumen
im Garten sitzen, Vögeln lauschen
und dem Rauschen eines Bachs
Minze und Kamille riechen
Salat und Apfelkuchen essen"

Mein Glück ist reich bemessen
Ich muss nicht mehr um Liebe kriechen

Explosive Luft

I.

Einstehen für mich?
Lebensgefährlich!
Luft war ich für dich, Vater
Dem Brandherd deiner Wut Nahrung
Alles Vertrauen in Schutt und Asche!

Einstehen für mich?
Lebensgefährlich!
Luft werde ich für euch, Freunde
Dem Brandherd eurer Achtlosigkeit Nahrung

Einstehen für mich?
Lebensgefährlich!
Luft werde ich für dich, Geliebte
Dem Brandherd deiner Zweifel Nahrung

Einstehen für mich?
Lebensgefährlich!
Luft werde ich lieber für mich

II.

Einstehen für mich?
Lebensnotwendig!
Luft
dem Brandherd meiner Lebensfreude

Unterwerfung

„Immer unterwirft er mich!"

Die Sicht, man will dich unterwerfen
nervt die Männer, lässt sie wüten
und statt Schlimm'res zu verhüten
erreichst du, was du meiden willst
Aus deren defensiv Parieren
wächst der Wunsch nach Dominieren

„Immer unterwerf ich mich!"

Die Sicht, du unterwirfst dich immer
macht die Lage nur noch schlimmer
Self-fulfilling prophecy
Nie kommst du so aus der Misere
Der Gedanke – viel zu groß!
Lass ihn besser einfach los!

Traum

Den alten Teddybären im Arm
unterwegs verirrt

in labyrinthischen Gängen
Zu lange her
das Funktionieren
bevor das Kind in dir schrie

Dich selbst im Arm
deinen Schmerz
deine Angst
deine Scham
deine Freude
deine Liebe
deine Wut
deine Trauer
besonnen unterwegs
bewusst
auf erhellenden Wegen
Vor dir
das Leben
ungeteilt

Sündenbock

„Er hat schon wieder … immer wieder
rücksichtslos und ohne Maß …
haut ständig drauf und auf mich nieder
und es macht ihm auch noch Spaß
wenn er meinen Willen bricht
Ich hab' ihn gern, doch er mich nicht…

Ich wollt' ihn lieben, seine Liebe
gab ihm alles, was ich konnt'
bekam dafür nur Schmach und Hiebe
Kein Lichtblick fern am Horizont
Ohne Grund macht er mich klein
verhält sich grausam und gemein"

„Ach Kind, wie sehr ich dich verstehe
Schau bitte trotzdem noch mal hin
Das, was ich da von außen sehe
spiegelt nur, was in dir drin
Er ist doch nur der Sündenbock
In Wirklichkeit hältst du den Stock

Du schlägst dich selbst mit voller Wucht
setzt dich herab, stutzt dich zurecht
unterdrückst mit strenger Zucht
was lebendig ist und echt
stehst bereit als Opferlamm
bewirfst dich selbst mit Büßerschlamm

In deiner Kindheit wohl vertraut
gab es fürwahr des Opfers Rolle
Du hast sie niemals angeschaut
Drum hat sie über dich Kontrolle
Nimm erstmal hin, wie's damals war
Dann wird für dich die Zukunft klar

Die Schuldzuweisung lähmt dich nur
schnürt dich ein wie ein Korsett
Der Vorwurf wird zur falschen Spur
Du stehst auf einem schmalen Brett
Sieh lieber auf den eignen Drachen
Schau nicht darauf, was and're machen"

Als Leibwache stell du mich ein
das Ungetüm dir zu vertreiben
Die Kleine kann jetzt furchtlos sein
ungebeugt der Welt sich zeigen
Niemand wird dir fortan schaden
Denn Er ist nicht mehr eingeladen

Du wirst so stark, dass alle wissen
du kennst jetzt endlich deinen Wert
Ihm ist nun der Raum entrissen
damit sein Stock und auch sein Schwert
Denn ohne Schuld kannst du jetzt handeln
frei in dein bestes Ich dich wandeln

Hörst du auf, dich selbst zu schlagen
nach Mangel fortgesetzt zu streben
wird es auch kein andrer wagen
gewaltsam Hand an dich zu legen
Mein Kind, ich helfe dir dabei!
Mach dich von Unterwerfung frei!

Selbst

Wo ist unser Selbst, mein Herz
fühlt es flattert
das kleine Vöglein am Rand
des Nests hungrig
hofft es auf Nahrung das Selbst
erkennt endlich an
„Ich darf brauchen"
wächst und
fliegt

So wird's gemacht. Punkt!

Ich mein's doch nur gut!
war seine Devise
Doch wehe
auch nur die kleinste Prise
stellte sich gegen sein Meinen
Weinen half nichts und auch keine Wut
Denn nach dem geringsten Widerwort
riss sein Orkan dein Urteil fort
und ertrotzte mit Vater-Gewalt
was ihm allein für richtig galt

Ich meine es gut!
bringt dich heut' noch in Rage
Nach List riecht es
und Sabotage
Du siehst dich bevormundet, unterjocht
Es pocht dein Herz, es wallt dein Blut
Du fühlst dich nicht mehr autonom
Der Spruch ist wie ein Karzinom
in deine Seele weit gestreut
zerfrisst von damals dich bis heut

Ich meine es gut!
willst du nicht mehr hören
fängst deshalb an
dir selbst zu schwören:
„Ich werd' mich behaupten mit Geld und mit Macht
Mit einer besonders teuren Yacht trotz' ich der Flut"
Doch bedenke: Ins gleiche Boot zu steigen
dich wie dein Vater mächtig zeigen
löst nicht dein Problem
im Ohnmacht-Wut-System

Ich meine es gut!
ist doch nur ein Satz
Allzu sehr
gibst du ihm Platz
für Ärger, Trotz und Widerstand
bist angespannt und auf der Hut
Doch glaube mir: Heute als Mann
brichst du den alten Vaterbann
kannst gut und gut gemeint sortieren
und neue Wege avisieren

Für nichtig erachtet

I.

Als Kind vergewaltigt
Hilfe bei Mama gesucht
Für nichtig erachtet

Wieder vergewaltigt
Hilfe bei Mama gesucht
Für nichtig erachtet

Wieder vergewaltigt
Keine Hilfe mehr gesucht

II.

Als Frau vergewaltigt
Für nichtig erachtet

III.

Mich selbst vergewaltigt
Für nichtig erachtet

Warum weint die Kleine in mir nur so?

Für tot erklärt

Der übermächtige Vater
Die ohnmächtige Mutter
Der unterworfene Sohn

Und dann …

Der übermächtige Vater
Die hilflose Mutter
Der helfende Sohn

Und dann …

Der übermächtige Vater
Die feige Mutter
Der tot-erklärte Sohn

Zuletzt …

Der entmachtete Vater
Die konfrontierte Mutter
Der lebendige Mann

Berg- und Talfahrt

Bergauf
Euphorische Aktivität
Hoffnung auf das langersehnte
Lob am Gipfelkreuz
Zuletzt am Zenit
Allein
Mama und Papa sind unten im Tal

Bergab
Verbissenes Beharren
Hoffnung auf die langersehnte
Umarmung in der Niederung
Zuletzt am Tiefpunkt
Allein
Mama und Papa sind auf dem Berg

Serpentinen
Zwei Schritte vor, einer zurück
Begegnung mit langunterdrückten
Gefühlen an versteckten Biegungen
Irgendwann auf dem Weg
Zusammen
mit mir

Entgiftung

Behutsam
befreie ich
meine erste Nahrung
von ihrem bitteren Geschmack

Hoffnung

Danksagung

Das erste Gedicht dieser Sammlung ist in einer Lebenskrise entstanden. Danach war der Damm gebrochen und in nahezu jeder Situation meines Alltags bin ich bei mir selbst oder in meinem Umfeld auf das innere Kind gestoßen.

Viele Menschen haben mich beim Schreiben dieses Buchs begleitet: Einige habe ich zu ihren persönlichen Erfahrungen interviewt, andere haben meine Texte Korrektur gelesen, mir bei Formalitäten für den Verlag geholfen, mich inspiriert, ermutigt, Finger auf wunde Punkte gelegt und mich manchmal an meine eigenen Gedichte erinnert, wenn ich im Arbeitsalltag vergessen habe, mich um die Bedürfnisse meines inneren Kinds zu kümmern.

Ich danke Mareille, Julia, Achim, Andreas, Arne, Claus, Vanessa, Thorsten, Wolfgang, Carla und vielen anderen Wegbegleiterinnen und Freunden. Ebenso danke ich allen mir nahestehenden Menschen, die auch in den schreibfreien Zeiten mein Leben bereichern und mir zur Seite stehen. Und zuletzt gilt ein großer Dank meinem inneren Kind, das sich mir nach so vielen Jahren gezeigt und mich zu den hier verfassten Texten inspiriert hat.

Gabriele Scheld

1967 in Frankfurt am Main geboren
Studium der Altphilologie, Theologie und
Theaterpädagogik
Veröffentlichung von Lyrik, Kurzprosa,
Bühnenstücken und Hörspielen

Weitere Veröffentlichungen

elementar
Lyrik zu den Elementen mit Fotografien
Hardcover
ISBN:978-3748550051

Das Füllhorn des Janus
Texte zu Abschied und Neubeginn, Paperback
ISBN: 978-3749464968

Von der Rolle
Lyrik und Musik, CD

Chakren-Lyrik
Poesie und Fotografie, Hardcover
ISBN; 978-3752964035

ÜberLebensspuren
Von der Entsagung zum Überfluss, Hardcover

In der Kiste gelandet
Kammerspiel mit Musik, Cantus-Theaterverlag

Die Narbe
Kinderhörspiel

Das Hoffnungslos
Hörspiel

Erhältlich im Buchhandel oder unter
www.gabrielescheld.de